Ya no soy un istmo
Noelia Hernández

Colección Baños del Carmen

Noelia Hernández

Ya no soy un istmo

Accésit Premio Vitruvio de poesía

EDICIONES VITRUVIO
Colección Baños del Carmen,
nº 1089

www.edicionesvitruvio.com

Un jurado compuesto por Cova Sánchez-Talón, Silvia Roa y Pablo Méndez, acordó conceder un accésit al premio Vitruvio de poesía a *Ya no soy un istmo*, de Noelia Hernández.

Primera edición, 2026

C/ Menorca, nº 44
28009
Madrid
Tlf: 91 573 21 86

ediciones vitruvio nº 1. 823
ISBN: 979-13-991851-2-6

Ya no soy un istmo

Diría mucho de ti
y me quedaría corta; como que
eres faro en la niebla, o un
gato negro de ojos flamígeros
observando siempre en tu ventana.

Sin embargo, sólo diré: gracias.

A ti, que siempre aguantaste
los embistes de los malos días con
brava templanza y me acompañaste pese a todo:
gracias.

A mi familia y a quienes, de una u otra forma,
sois parte de este desnortado camino.

Dicen que hay un lugar del desierto en el que
el espíritu de las mujeres y el espíritu de los
lobos se reúnen a través del tiempo (...)
la mujer despierta ante su propia hemorragia
y, gracias a ello, empieza a vivir.

Clarissa Pinkola Estés

El mutismo de los pájaros
nutre un desquiciado vuelo
—los azules y dorados aletazos
de un final—.

ESCORZO DE UNA NOCHE TRISTE

Entonces brindaremos en silencio.
Mi fotocopia y yo.
Blanca Sarasua

Un enjambre de robles susurra
la letanía del viento y
algunas hélices en perpetuo baile
nos salvan de los humanos fuegos.

El camino que se abre solo
frente al alarido del bosque
con sus niños cuervos implorantes
desemboca a un arrecife;
los pasos invidentes están sangrando y dicen:

Que aguarde la aurora que taladrará
nuestros párpados. ¡Que no venga aún!

Las cortezas de los pinos mudan
de piel y de alma. Deshabitados los leves
nidos —con la salvedad de un vuelo
naciendo al sur—.

Sé que es cierto que el frío
embrutece las sombras y, acaso,
al final de la noche
una perfecta esfera caerá sobre
los rubores de las hojas
llorando por todos los ojos.

Derrotado el mundo, despojado de hijos
y astros en la prensa de la boca.
Desacorazada, sin el arrullo tibio

de la espuma y la sal,
al desencuentro voy sin nada más
que esta voz que se rompe,
me evade, se evita a sí misma,
reniega de mí.

ANTES CORRÍA UN RÍO

La mano intuye el contorno
aunque no estás.
Aunque las acequias vayan
vacías y no sacien
la sed del ocaso
          el silencio rumia pesquisas,
          las fachadas rezuman ausencias.

Y la mano, entre aspavientos
de pura invocación,
está hueca, desposeída,
huérfana de volúmenes y ojos
que la afirmen;
retrayéndose en un puño
con sus cinco alaridos de impotencia
apenas reconoce que este aroma
es la antimateria de un recuerdo.

ISTMO

En los hangares de espinas
donde guarda la apacible noche
sus arrecifes de desesperanza:
          he venido a mirarte desierto
          —desnudo, desprovisto
          de palabras. Callando—.

Austero como la misma noche,
desorbitando el dolmen
que levanté con las ausencias;
dejando atrás el oro del ajuar,
          mis rojas ofrendas,
los versos atravesados como claveles
en el terso busto de la madrugada.

La sal vertió sobre el idioma
la cadencia pausada del agua
y recorrí la costa a brazadas lentas
en el cxtravío del verbo
que me retrotraía al Sur.

Recorrí el puente que abrazaba
los dos labios de la península
—y nunca se encontraban
el amarillo beso y la boca.
Y la espuma, se quejaba—.

¿Dónde estás? —pregunté a los corales.
Nunca te habían visto
     desnudo,
     desprovisto de palabras.
     Callando.

EL ÓXIDO DE LOS PUENTES

A duras penas me sostengo
en sus manos lábiles.

Qué fácil es empalabrar mi Odisea
en un arranque de esperanza,
fundirme en la herrumbe de la guerra;
resumir en un montículo de ceniza el mundo
y en el verdor último de esta patria
injertar la de los otros —ya no nuestra,
desposeída tras el asedio de las lanzas;
                                                  ya no: nunca—

Moldear la infamia del amor
con la sangre al trote. Serle dócil
al tiempo que desdibuja
de la lengua la consonante,
los dictados sin esdrújulas
ni elevadas cúspides —más allá
de la Eternidad de un Olimpo frágil
donde me descubro sola—.

Que nos ampare el silencio, porque
        (el silencio)
        siempre fue fiel al mirarme,
        y en su soslayo de chispa
        siguen luchando contra la
        vejez mis pavesas.

El silencio aquel era un bárbaro
que disfrutaba marcando la carne
con su párpado de espina.

Están huyendo los amantes.

Comprendo su lucha aunque no atisben
este miedo mío al dolor que se viene;
al postrero roce
                                        antes
de volver a la forja del sepulcro
en las vísceras del metro.

Del rojo de los músculos
escorzando el último abrazo, lo confieso:
                                        aún huyo.
Antes de consumarnos
en silencio,
no pudo saber nada mi garganta
de la disfonía
de esta ciudad y sus bramidos.

Todo lo que es mío no puedo
nombrarlo. Es por eso
que reclamo mi herencia:
                        el silencio
de aquella boca
que despronunció mi nombre.

PERMÍTEME QUE TE LLEVE AL MAR

Apenas desamarrada
la pobre barca, viajero, del árbol de la ribera,
se canta: no somos nada.
Donde acaba el pobre río la inmensa mar nos espera.
Antonio Machado

La costumbre de los ojos palpitando
en un rostro velado por sombras
y un crepitar como de guadaña dormida
o de piano anciano sin música.

Qué será de la miel
en los sepulcros de la dicha,
de los sonidos ciertos que me acompañaban
hasta esta noche.

Si deshollino de silencios los bolsillos
y crece lo invisible hasta hacerme un fantasma
que se vierte en el impermeable otro;
si vuelvo del campo con las manos dolidas
de pensar tanto
atesorando la tierra bajo los dominios de lo que callo.
Si vuelvo
seguiré intentando amasar lo no-dicho,
librar el infinito duelo
que es saberme huérfana de infancia,
observar desde la ventana
lo diáfano de cada instante y su cortina de rabia.

La tarde era dorada y fértil
como un mar jaspeado donde nadar siempre
secuestrando al tiempo dentro de un frasco
de azul y sal.

Porque es siempre dúctil la palabra —inagotable,
reversible, si quieres—.
y subyuga a la costumbre y escapa rauda
del ocaso de los años.

Era tan dúctil la lengua y sus chasquidos
y, aún con todo, no me bastaba.

Concatenar espejismos —no servía—, hacer
bullir el hambre del grillete. Sopesar
un vacío insuficiente, volverme hielo, reír como
chirrían los raíles a la noche, dormitar en silencio
y alzarme, curiosa como niña
que ve por primera vez el mar.

DESHOJARES

Ahora que me voy volviendo cierta
y la mansa tarde se perfila en los contornos
de estas ramas mías.
Ahora:
abierta como se abre en dos la entraña
del sueño y cimbrea, en las cumbres,
la enésima despedida del verano,
he desenvuelto mi nombre,
lo he despegado del cuerpo
—se va libre de mí: huye a otro yo—
y soy en silencio la famélica sombra
de una ausencia.

Hoy que me rehíce palpable en los ríos
que cimentan la historia de la primera caricia
y el amago de la última, diré:
que me nieguen y me miren con
su familiar descostumbre
las plumas embrionarias;
que me adviertan
verdadera en la mirada disidente
mientras buceo en
la guerra de la noche donde somos
o en la certidumbre de los labios
que, recatadamente, acuden florecidos
a darse cita con el invierno.

¡Qué dolor el mirarse así
como contemplándose en la estela de un
astro con la certeza de que
no yace muerto!

Y volver al mundo satisfecha,

acaso desconocida, pura;
por si regresara el brillo
del parpadeo, el asombro primigenio,
la imantada extrañeza de amar
a contraluz o en la niebla, puro tacto solo
sin la afrenta del hierro,
cómo ya solo de lejos se aman
los árboles o las visiones
más insólitas.

RIGOR MORTIS

Es vasta la derrota porque
duele ser un muro
  el esqueje de un muro, más bien.
Acorralarse alrededor de tallos ruderales
e insectos. Duele desconcharse
bajo los alfeizares,
reírse de la lluvia y su llanto de azufre
volviéndome mentira el rostro.

Amplísimo como es el solar del intento
último, un vano cerrar del puño:
                mecer el aire y su espectro
                de perpetuo adiós: eso es el espanto.

Escuchar la tonada de las gotas
en el metal despiadado, aquí, bajo lo triste
de un otoño vuelto colcha;
a la distancia de un sencillo beso
o del montículo de cenizas que velo,
por si el azufre,
el espectro,
la lluvia,
                incluso el muro y su pétrea caricia
                de versos mutilados
me brindasen un instante fosforescente
de unos ojos en otros ojos,
afirmándose.

IMPOSTORA

La marea está cabizbaja
y no me encuentro en el susurro
colgante de este puente.
Si grito, una brisa de aguijones
me taladra la mirada
y no puedo volver al origen.

Siento que no sé nada, que vago
a caballo entre un miedo atroz
y el tenue aleteo de una posible
esperanza.

Quiero huir. Casi siempre quiero escapar
de las garras del tiempo,
de los gritos y las miradas percutivas
que diluyen los rostros.
Al final acabo escribiendo sobre lo mismo,
dando vueltas a la misma isla
como si voluntariamente me enfrentase
al formol blanco de la página y dijese:
aquí estoy de nuevo, temblándome la voz
y no el pulso.

Buscando cobijo en todas las azoteas,
saltando de humo en humo
hasta que pierdo mi tridimensionalidad y
ni siquiera queda un pensamiento frugal
o una idea.

Nada:
tal vez aire
o puro silencio.

MUTACIÓN

(…) árboles que no se sabe si son de ayer
o de nunca, y trenes, muchos trenes (…)
que no llegaron a ninguna parte,
se juntan y hacen una montaña terrible
en la que estás, desamparado y solo,
haciéndote una vieja en marcha atrás de hombre.
Julia Uceda

Si abandona el sol la ventana
y me acerco al mundo despacio
        al mundo
de los ritmos sinceros,
a la no prisa de los placeres orgánicos
y el trasegar de las horas
que de bruces refulge en las nucas paseantes,
        dejo de correr.

No tengo calor ni frío,
las flores se abren cuando llega su hora;
incluso si no sé nombrarlas el bullicio continúa.

La tristeza impacta en los bancos,
es paciente, hace guardia en los parques,
juega con los niños,
corretea modesta, no grita aunque todos sepamos
que podría despertar al mundo entero.

El sol abandonó mi cuarto,
tiñó el escritorio de ceniza, borró
la noche de ayer de las sábanas, batió con
su tímido aliento la ropa tendida.
La cama ya era otra,
respiraba, como yo, distinta.
El olor huyó con la corriente,

se agazapó quizás un cabello
bajo la puerta, resistiendo el paso del tiempo.
No fui capaz de detener la mutabilidad
de la carne
ni la erosión del alma.

Yo ya era otra.

Demolición

Subo a lo más alto de la ciudad
y me sorprende un amago de cielo,
sostengo entre los dedos la posibilidad
naranja de un vuelo,
porque soy un proyectil en potencia.
Con el pico escarbo alimento
en el silencioso rumiar de la tierra,
aguardo otra mudanza más de la carne.
        Sólo una más —me miento—.

Recobro la mirada ingenua de hoja frágil
y al ver cómo remonta el río
su curso melancólico, retomo la lucha;
con las manos astilladas
                        me clavo aquí mismo.

Como condenada espero la hora del
desahucio final
hasta que la marca me eleve a la orilla del astro
donde las piernas penden de un aullido.
Perderé de vista la silueta de la costa
que se bebe a la Tierra.
Mientras caigo convencida
        soy toda peso sin ojos siquiera,
        toda fuerza, toda semilla
confío ciegamente en encontrar suelo fértil
al final.

Tiempo amarillo

Para estas pequeñas cosas
estaba destinado el océano,
para esto fue enviado el sol
y prestada la luna,
y los vientos guardados en lejanas
cavernas.
Henry David Thoreau

Le he robado a alguien el color del tiempo
        –con su permiso diré–
que al abrir los ojos, las luces de la ciudad
parecen pequeños soles autosuficientes
y el cielo una amalgama de metales preciosos.
Un brillo pálido ha invadido la avenida
donde vivo cuando vengo
a buscar paz en las noches
y ahora serpentean siniestras las sombras.

El tiempo no se inmuta, se solapa
este momento con su sucesor
como en una coreografía:
    el girar de una mano,
    un paso al frente,
dan paso a otra escena
entre baile y baile, un estímulo, otro,
brota un tallo, se
cae
    una
        hoja.
Un otoño que derroca a otro otoño:
vienen besos, se van los niños,
se apilan los juegos sobre la mesa,
se cubren de polvo los viejos libros.

Sin tensión y con apenas esfuerzo
la vida transcurre…
y yo, sin advertirlo.

La raíz

Despierta el día ya viejo, veladas
sus arrugas por nubes de angustia
        –nunca un milímetro
        de sol fue tan agradecido–.
Buscando el resquicio como una tallo
me inclino a su merced
y estos poros beben de la vida,
                                        de la vida
que supura por entre las grietas.

Aves nacen a pesar de este vértigo al futuro
y los vuelos, a gatas, siguen el reclamo
aunque el nido esté vacío y no provea.

Quizá no lo parezca, pero a pesar de la helada
que cubrió anoche las madrigueras
con su pátina de derrota,
bajo esta tierra laten tambores
rezuma la savia, se gestan nuevas células.
Es esa Paciencia Creadora zafándose
la nieve de las plumas, la que rompe la cáscara,
azuza el latido de los polluelos
y aviva la exigua llama de esta sed.

Nubes de octubre

Yace abismado el día
entre parpadeos de temporal y bailes diáfanos
tras las cortinas de la casa.
Como lumbres perennes dos ojos
que rebosan lo inevitable
                    dos nubes desuniéndose
son suficientes para adivinar el rostro
o la adelantada estela que el ocaso
va sembrando.

Cada arrebato áureo, cada mordedura
de mi carne y su llanto de océano
me devuelve más vulnerable a los labios
del mundo.
Con el amago del frío
y la amenaza afilada de octubre
mi sombra estoica, el rostro deshojándoseme,
la tarde tan anochecida ya
y los ojos amarilleando de tanto ver,
de haber llovido tanto.

Poema recuperado de un incendio

La lluvia llegó apisonando,
apretando glándulas,
exprimiendo el cuerpo en una contorsión.
El silencio se agitó en el sitio
y me recorrió un rayo
        se me iluminaron los ojos y me vi ahí:
        de frente con la masa húmeda.

De cada costra que me arranqué
hubo sangre para pintar y engendrar una vida;
en cada exhalación un poco menos de peso.
Todo lo que ya no soy: ligera y agrietada como
un fruto tras una granizada
apuntaba con la mirada al humo
                                              al fuego
                                                   a la cerilla
                                                        al delirio.

Todo lo que hubo antes de este momento
ya no importa.

Nombre de borrasca

Por fin va a llover, lo sabe todo el mundo:
que si no llueve amarillea
la lengua, se mueren los signos,
los niños dejan de crecer.

Si no llueve la mirada languidece
con los aullidos finales del campo
y queda el rumor solo de la costumbre
el amargor del teléfono,
la afonía del amor,
los vértices toscos de los muebles.

Si no llueve voy a enloquecer,
si bajo el río de lo injusto
no se desbordan todos los recuerdos freáticos
y borran las huellas de mis animales en estampida,
lo juro, perderé la cabeza.

Dicen que el dique que contiene
el estallido del silencio ya reverdece,
que es augurio de un río bien distinto,
de cultivos hinchados, de épocas de bonanza.

Así sea.

Costumbrismo

Es lo cotidiano:
abrir un libro, hallar una antigua flor
y embalsamarla entre sus páginas.
Languidecer en julio mirando con la sed
dorada por la ventana.
Cartografiar el barrio, agitarse con las ramas
y urdir el relato de los balcones apilándose,
                                        porque aquí
no llega la brisa a batir las sábanas tendidas.

¿A qué olerán?
Envidiar la claridad del balcón ajeno,
dar la vuelta al disco por cuarta vez,
ahogarme en la vajilla sucia
y su torre inexpugnable.

Es lo común a estas horas:
añorar la casa de la infancia o
declamar algún verso que hable
de la urgencia de estar viva.

Soliloquio de una isla

Todos iban corriendo menos uno
que quería abrazarse a la marea.
Pilar Paz Pasamar

Vinieron más vidas y más muertes
tras soltarse los extremos carcomidos
de aquel puente.
Nació de las cenizas que dejó un cuerpo
un nuevo continente
y era isla inexplorada toda,
                                        mi boca
un resuello de arena
que invocaba con rabia una marea antigua.

Hubo más vida después de aquel
simulacro de vida.
Al desprenderse la tierra, llorando polvo
una mano en la distancia, yo pude prever
que en mi palma de nuevo brotarían
llamas, aguaceros, océanos,
también sequías
y la península llorando, arrancada
de los nombres que una vez encarné
y ya, al fin,
                                                  se alejan.

Índice

Ediciones Vitruvio

Colección Baños del Carmen

Últimos libros publicados:

Las flores del mal, de Charles Baudelaire

En mi cuaderno de viaje, de Carmen Maga

Declaración jurada, de Manuel E. Castillo

Siempre Domingo, de Pascual García

Escribir Silencio, de José A. Alfonso

Ciento cincuenta voltios, de David Alberti

Que nada se olvide, de Álvaro Fierro Clavero

Ayer es mañana, de José Elgarresta

Y ahora sorpréndeme, José Ramón Silva

Playa sin mar, de Eduardo Crespo

El mar mientras duerme, de Santiago Gómez Valverde

Madame Podeva, de Natalia Ruiz-Poveda

El hombre que alimentaba su alma, de Sergio Macías

A la tarde, de María Paz Otero

La ingravidez que somos, de Antonio Ríos

La ilusión del indulto, de David Minayo

El vigor, de Leonardo David Segado

Balcones azules, de varios autores

Música Rusa, de William Jonhsnton

El lenguaje del número, de Juan Pedro Carrasco

Doce voces, una voz, de Jaume Mesquida

Memoria del frío, de Ricardo Ruiz

Acceso a la vida, de María José Pérez Grange

La fama pregonera, de Jesús Mauleón

Equipaje de momentos, de Carlos Guerrero

Habrá poetas, de Mikel Ceniceros

El único umbral, de Diego Doncel

Mil años de poesía (1000-2000), número mil de la colección Baños del Carmen

Autobús nocturno, de Luis Machuca Moreno

Donde nadie dirige la mirada, de Fernando Fiestas

Siempre promete amanecer, de Ignacio Eufemio Caballero

Recuento de ilusiones, de Norberto Garcés

Y la que escucha no es ella, de Silvia López Ripoll

La levedad, de Cristina Liso

La niña que ha sembrado la tierra del poema, de Josela Maturana

Despacio y tiempo, de Angie Expósito

El agua en la mano, de Félix Recio

Parábola entre parabólicas, de Pablo Villa

Centinela del viento, de Daniel López Acuña

Guiñol, de Pedro López Lara

Historias encontradas, de Domingo Luis Hernández

El gozo cumplido, de María José García Mesa

Postales del norte, de Juan Gil Bengoa

Obra poética incompleta, de Yong-Tae Min

La ley del soneto, de Modesto González Lucas

Franqueo en destino, de José Félix Olalla

Otro tipo de abreviatura, de Isabela Basombrio Hoban

Cuando llegues, de Carlos Cortés

Palabras, pájaros y cobijo, de Victoria Muñoz Arenas

Éramos esto, de Pilar Úcar Ventura

Después de la belleza, de Rafael Talavera

Nuevas prosas, de Manuel Lacarta

La última vez que la luna dijo tu nombre, de Laura Vera Becerra

Estrellas que no vi, de Leonardo David Segado

Monodias, de Luis Rodríguez Cao

Una ave contra el viento, de Gerardo Guaza González

Lo que tú decías, de Federico Jiménez Asenjo

Herida propia, de Rosa Estremera

Lo que me entregaste, de Pascual García

La memoria de la piel, de Dolors Fernández Guerrero

Sin música de película, de Esther Ortiz Arrese

Experiencia de ti, de Elena Ventaje

Digo y u tú Babel, de José Ángel García

París Berlín Roma, de Pedro Alcarria

Cortisol, acetilcolina y otras metáforas, de M'Angel Manovell

Señales de paz y de distancia, de Carmen Álvarez Puerto

Espejo de monos alumbrados, de José Siles

Tal vez mañana, de Felicidad González Cantón

Poesía completa, de Álvaro Pombo

En busca de Shaun-Mor, de José Luis Ariel Méndez

Al final del principio, de Andrés Carlos López Herrero

Poesía completa, de Blanca Sarasua

Amor Maduro Busca, de Ambrosio Gallego

Mamá se vá, de Federico Jiménez Asenjo

Tú llegarás a mi ciudad vacía, de Daniel López Acuña

Los amarillos ojos de la bestia, de Angélica Morales

Traslúcida, de Fernando Pastor Mata

Sonetos de amor y de agonía, de Jaume Mesquida

Diálogo, de Lander Sánchez

Que no nos pase nada, de Federico Jiménez Asenjo

Fiebre del olvido, de Leonardo David Segado

Luz de labio con el beso dentro, de Pedro Villarejo

Luces en la sombra, de María José Pérez Grange

Vivo en la carretera, de Emilio Alonso

Con el paso del tiempo, de Elena de Jongh

Hambre y sed de paraíso, de José Ramón del Canto

Cajas, de Nieves Viesca

La sangre en dos orillas, de Pablo Villa

Para saber que existo, de Karlos Linazasoro

Esta es la noche, de Jesús Ayet

Entre la herida y la sombra, de Sonia María Riera Gata

Deja la vida en paz, de Pilar Úcar

Poemas dedicados, de Encarnación Sánchez Arenas

Entre dos mundos, de Julián Borao

Esta es la noche, de Jesús Ayet